LIMM&NIES

Andi Fett

STESELOFFE

9 Vorlesegeschichten für junge Leute

clv

Christliche Literatur-Verbreitung e.V.
Ravensberger Bleiche 6 · 33649 Bielefeld

1. Auflage 2018

© 2018
by CLV · Christliche Literatur-Verbreitung
Ravensberger Bleiche 6 · 33649 Bielefeld
Internet: www.clv.de

Satz & Umschlag: A. Fett, Meinerzhagen
Umschlagfoto: fotolia.com, © cirodelia
Druck & Bindung: CPI books GmbH, Leck

Artikel-Nr. 256190
ISBN 978-3-86699-190-3

INHALT

LIMM
&NIES

ZUM VORLESEN
&NACHDENKEN

Einige der folgenden Kurzgeschichten findest du auch im Programm von *Radio Doppeldecker* – einer Kindersendung, die die frohe Botschaft von Jesus Christus zeitgemäß verbreiten möchte. Du findest weitere Sendungen als Podcast unter

WWW.DOPPELDECKER.INFO

Steinsturz vom Dom

Am Kölner Dom passierte bei einem Fest ein Unglück.
Wie durch ein Wunder entging der junge Student Julius
Anton haarscharf dem Tod. Nach diesem Erlebnis schrieb
er ein bewegendes Lied. Ob du es kennst?

Kannst du dir das vorstellen: den Kölner Dom ohne Türme? Viele Jahrhunderte sah das so aus. Dem Wahrzeichen der Stadt Köln fehlten die beiden Spitzen. Nur ein riesiger Holzkran ragte aus der Dombaustelle und prägte das Stadtbild. Wegen Geldmangel und Streitereien zwischen Staat und Kirche kam es zu einem langen Baustopp.

Noch im Jahr 1842 war der Kölner Dom ein turmloses, verrottetes, von Moos und Farn überwuchertes Monstrum. Nur ein Turmstummel des Südturms stand. Zwischen diesem und der Kirche klaffte eine große Lücke.

Zur Zeit von Napoleon führten die Franzosen Krieg gegen Deutschland und eroberten auch die Stadt Köln. 1794 marschierten Revolutionstruppen bis vor die Dombaustelle. Für die Kölner war das eine krasse Zeit. Ihre geliebte Stadt kam 20 Jahre unter französische Fremdherrschaft.

Auf der Suche nach Kunstschätzen nahmen die Soldaten alles mit, was wertvoll aussah. Bischofsgräber im Dom wurden aufgebrochen und geplündert. Pläne, Papiere und Pergamente der Dombauhütte wurden in Kisten verpackt, auf 13 Wagen verstaut und Richtung Paris geschickt. Seitdem galten sie als verschollen.

Wie sollte man nun den Dom fertigstellen? Es fehlten ja alle Planunterlagen! Niemand wusste mehr, wie die alten Dombaumeister sich den fertigen Dom gedacht hatten.

Die unvollendete Kathedrale wurde unterdessen von Napoleons Truppen als Quartier, Pferdestall und Lagerhalle missbraucht. Da es kalt war, machten es sich die Besatzer im Kirchenschiff gemütlich. Im Dom wurden Feuer angezündet, um darauf zu kochen. Dazu wurde viel hölzernes Mobiliar verbrannt! Erst 20 Jahre später zogen die Besatzer wieder ab. Den Dom hinterließen sie in einem beklagenswerten Zustand. Doch dann führte ein merkwürdiger Zufall zur Fortsetzung der Bauarbeiten ...

Im Gasthof »Zur Traube« in Darmstadt – über 200 Kilometer entfernt von Köln – fand man 1814 den lang vermissten Bauplan zum Dom. Der sogenannte »Riss F« lag dort auf dem Dachboden unter Dörrobst. Ob die Franzosen ihn dort versehentlich vergessen hatten? Immerhin ist diese Zeichnung auseinandergefaltet über vier Meter hoch. Man stellte fest: *»Das ist der lang vermisste Bauplan zum Kölner Dom – der Aufriss der Westfassade!«*

Nun konnte die Fertigstellung wieder in Angriff genommen werden. 600 Jahre nach Grundsteinlegung des gotischen Bauwerks sollte der Dom nun vollendet werden.

König Friedrich Wilhelm IV. kam am 14. August 1848 zum Dombaufest nach Köln. Vor dem prächtigen Portal hatten sich ungeheure Menschenmengen angesammelt, um die Würdenträger in ihrem Glanz vorüberziehen zu sehen und dann dem Festgottesdienst beizuwohnen.

Je näher man der ersten Reihe kam, umso günstiger war es. Ganz vorn, unmittelbar vor dem Dom, hatte ein junger Mann einen Stehplatz ergattert. Er hieß Julius Anton von Poseck und arbeitete als Referendar bei der Regierung in Düsseldorf. Julius Anton stammte aus einer alten sächsischen Adelsfamilie. Gleich würde der König ganz nah an ihm vorbeiziehen.

Endlich näherte sich die Prozession mit den vielen Würdenträgern und Musikern. In der dichten Menschenmenge begann ein Schieben und Drängeln. Das Gerangel um die besten Plätze verdrängte Julius Anton von seinem idealen Standort. Aber genau das war sein Glück! Es wurde zu seiner zweifachen Rettung.

Denn mit dem feierlichen Umzug zog auch eine Windböe durch die Häuserreihen. Die vielen Fahnen rauschten. Der ganze Dom war mit wehenden Wimpeln und Girlanden geschmückt. Da! Eine riesige Fahne, die am Baukran befestigt war, riss einen Sandstein aus dem Mauergefüge.

Dieser losgerissene Stein stürzte in die Tiefe und traf eine Frau. Sie war sofort tot. Das Unglück geschah genau an der Stelle, wo Julius Anton noch vor wenigen Sekunden gestanden hatte! Julius Anton wurde leichenblass. Die Frau war eben erst im Gedränge an seinen Platz geschoben worden.

Mitten in dem feierlichen Moment dieses Unglück! Eine große Bestürzung und Betroffenheit erfasste die Zuschauer. Aber keiner war tiefer erschüttert als Julius Anton, der haarscharf dem Tod entkommen war.

Er war derart aufgewühlt, dass er sofort den Domplatz verließ und nach Hause eilte. Dort fiel Julius auf die Knie und rief: »*O Gott, warum bin ich verschont geblieben? Warum musste ein anderer Mensch sterben? Warum hat der Stein nicht mich getroffen? Und wo wäre meine Seele jetzt, wenn ich so plötzlich in die Ewigkeit gerissen worden wäre?*«

Meldung in der Düsseldorfer Zeitung am 17. August 1848

Diese Fragen ließen Julius Anton nicht mehr los. Aufgewühlt suchte er Antworten in der Bibel. Ein Freund erklärte ihm, wie man in den Himmel kommt. Er las nun mit großer Wissbegier in Gottes Wort und fand darin, dass Jesus an seiner Stelle den Tod erlitten hatte, und zwar nicht aus Zufall, sondern nach Gottes ewigem Plan. Und nicht nur, um uns vor einem zeitlichen Tod zu erretten, sondern vor dem ewigen Tod und Gericht.

Julius Anton von Poseck ging dieses Erlebnis nicht mehr aus dem Kopf. Sein Leben war ab diesem Zeitpunkt völlig verändert. Gott hatte durch den Unfall nicht vergeblich zu ihm geredet. Nach dem erschütternden Erlebnis schrieb er ein sehr bekannt gewordenes Gedicht, das als Kirchenlied weite Verbreitung gefunden hat! Die Idee zum Lied kam ihm bei einem Besuch der Abteikirche in Essen-Werden:

Julius Anton entdeckte dort Anfang der 1850er-Jahre am Kirchturm eine Besonderheit. In der Wand unterhalb des Turmdachs war ein in Stein gehauenes Lamm eingelassen. *»Wieso ist dort oben dieses Lamm aus Stein angebracht?«*, fragte Julius Anton. Da wurde ihm erklärt:

»Vor ein paar Jahren hat hier an der Kirche ein Dachdecker das Turmdach ausgebessert. Als er da hoch oben arbeitete, riss plötzlich der Haken, an dem seine Leiter hing. Der Dachdecker fiel in die Tiefe. Aber wie durch ein Wunder überlebte er den Absturz. Denn er stürzte nicht auf den Boden, sondern auf ein kleines Schaf, das dort

unten auf der Wiese graste. Das Lamm wurde von dem herabstürzenden Mann zerschmettert, aber er selbst kam dadurch mit dem Leben davon. Das Lamm hatte ihm das Leben gerettet. Aus Dankbarkeit für seine Bewahrung hat der Dachdecker dieses Schäfchen in Stein hauen lassen und dort in der Mauer als ein bleibendes Denkmal eingesetzt.«

Dieser Bericht berührte Julius Anton von Poseck sehr! Hatte er sein Leben nicht auch einem Stellvertreter zu verdanken? War Jesus nicht für ihn wie dieses Lamm? Sofort griff er zur Feder und dichtete folgendes Lied:

Auf dem Lamm ruht meine Seele,
betet voll Bewund'rung an.
Alle, alle meine Sünden
hat Sein Blut hinweggetan.

Sel'ger Ruhort! – Süßer Friede
füllet meine Seele jetzt.
Da, wo Gott mit Wonne ruhet,
bin auch ich in Ruh' gesetzt.

Ruhe fand hier mein Gewissen,
denn Sein Blut – o reicher Quell!
hat von allen meinen Sünden
mich gewaschen rein und hell.

Und mit süßer Ruh' im Herzen
geh ich hier durch Kampf und Leid,
ew'ge Ruhe find' ich droben
in des Lammes Herrlichkeit.

Dort wird Ihn mein Auge sehen,
dessen Lieb' mich hier erquickt,
dessen Treue mich geleitet,
dessen Gnad' mich reich beglückt.

Dort besingt des Lammes Liebe
seine teu'r erkaufte Schar,
bringt in Zions sel'ger Ruhe
ihm ein ew'ges Loblied dar.

Wenn man die Vorgeschichte mit dem schrecklichen Unfall am Kölner Dom und dem Zwischenfall mit dem Dachdecker und dem Lamm kennt, kann man diesen Liedtext von Julius Anton von Poseck viel besser verstehen.

Am Anfang des Neuen Testaments ruft Johannes der Täufer, als er den Herrn Jesus Christus sieht: *»Siehe, das Lamm Gottes, das die Sünde der Welt wegnimmt!«* (Johannes 1,29). Da kann unsere Seele ganz ruhig werden.

Am Ende der Bibel darf Johannes einen Blick in den Himmel werfen. Dort sieht er den Thron Gottes und mitten in dieser Szene *»ein Lamm stehen wie geschlachtet«* (Offenbarung 5,6).

Weil dieses *»Lamm«* sich geopfert hat, weil Jesus für unsere Schuld sein Blut vergossen hat, wird im Himmel ein ganz ähnliches, ein neues Lied gesungen:

»Du bist würdig, ... denn du bist geschlachtet worden und hast für Gott erkauft, durch dein Blut, aus jedem Stamm und jeder Sprache und jedem Volk und jeder Nation, und hast sie unserem Gott zu einem Königtum und zu Priestern gemacht ... Würdig ist das Lamm, das geschlachtet worden ist, zu empfangen die Macht und Reichtum und Weisheit und Stärke und Ehre und Herrlichkeit und Segnung« (Offenbarung 5,9-10.12). ☛

Scherben und Kratzer

Wie dumm kleine Kinder sind! Sie können es noch nicht verbergen, wenn sie etwas kaputt gemacht haben. Doch ist das wirklich so dumm? Hier zwei wahre Begebenheiten, die uns ein kindliches Vertrauen lehren können.

Eine Familie sitzt samstags gemütlich beim Frühstück. Es sind Sommerferien. Weil es so warm ist, konnte Mama ausnahmsweise auf der Terrasse decken. Zur Feier des Tages gibt es frische Brötchen, Orangensaft, Kakao und sogar Rührei.

Heute durfte Lisanne zusammen mit ihrer Mama die Eier in die Pfanne schlagen und Petersilie hineinschnibbeln. Lisanne liebt Rührei über alles. Alle sind in bester Stimmung.

Aber irgendwann wird der kleine Linus zu zappelig. Kein Wunder, er ist ja erst zwei Jahre alt. Deshalb nimmt Mama ihn aus seinem Hochstühlchen raus und lässt ihn im Wohnzimmer spielen. Die anderen sitzen noch plaudernd auf der Terrasse.

Mama gießt sich gerade noch etwas Kaffee nach, als man plötzlich etwas deutlich scheppern hört. Upsa! Die Großen am Frühstückstisch drehen sich erschrocken zum Wohnzimmer um. Papa sagt nur stirnrunzelnd: *»O, o! Ich glaub, da ist Linus etwas zu Bruch gegangen.«*

Noch bevor sie nachsehen können, kommt der Kleine mit einem abgebrochenen Henkel und einer Scherbe der großen Vase zur Terrassentür und sagt: »*Papa, hab putt macht.*«

Lisanne, die große Schwester von Linus, denkt sich: »*Na, so dumm kann ja nur ein Baby sein. Das lernt der Kleine aber auch noch, dass man das, was man kaputt gemacht hat, nicht so offen zeigt. Was man kaputt gemacht hat, das muss man doch verstecken – das verheimlicht man doch besser ...*«

Nach dem Frühstück nimmt Papa Linus auf den Schoß und schlägt das Familien-Andachtsbuch auf. Für den heutigen Tag ist der Bibeltext aus Matthäus 18, Verse 2-3 angegeben.

Papa liest: »*Und als Jesus ein Kind herzugerufen hatte, stellte er es in ihre Mitte und sprach: Wahrlich, ich sage euch, wenn ihr nicht umkehrt und werdet wie die Kinder, so werdet ihr nicht in das Reich der Himmel eingehen.*«

Da muss Lisanne doch ein wenig schlucken. »*Wie ist das denn gemeint? ›Wenn ihr nicht werdet wie die Kinder‹? So wie Linus? So tollpatschig? So dumm?*«

Erst beim Nachdenken über diesen Vers fragt sich Lisanne: »*Oder meint der Herr Jesus hier vielleicht: Genauso vertrauensvoll und genauso direkt? – Ja. Es stimmt! Linus ist noch ganz anders als ich. Er geht sogar ganz offen mit seinen ›Scherben‹ um. Obwohl ihm die Vase zu Bruch gegangen ist, läuft er damit direkt zu Papa. Als ob er genau wüsste: Mein Papa kann mir da bestimmt helfen.*«

Nach und nach wird Lisanne klar: »*So war es bestimmt auch mal bei mir. Ich war doch auch mal so vertrauensvoll zu Papa. Erst als ich größer wurde, kam Angst und Scham dazu, wenn ich etwas ausgefressen hatte. Dann machte ich auch mehr und mehr die Erfahrung, dass ich Strafe zu befürchten hatte, wenn etwas schiefgegangen ist. Ist doch klar, dass dann Vertrauen verloren geht und das große Verstecken beginnt.*«

Wie gut, dass wir mit unseren Missgeschicken und Missetaten zu Gott kommen können wie zu einem Vater. Er wartet darauf, dass wir unsere Schuld einsehen, zu ihm umkehren, ihm den Schaden nennen – ihm wie Linus unsere Scherben zeigen. Unser Vater im Himmel ist der Fachmann für alles Zerbrochene und Kaputte. Wer kann besser trösten, heil machen und verbinden als Er?

Als Papa das Andachtsbuch zuklappt, sagt er in die Frühstücksrunde: »›Wenn ihr nicht umkehrt und werdet wie die Kinder‹ – das müssen wir Größeren uns wieder von den ganz Kleinen zeigen lassen. Unser Vater im Himmel möchte, dass wir, wenn etwas schiefgelaufen ist, wie der Verlorene Sohn zu unserem himmlischen Vater umkehren und sagen: ›Vater, ich habe gesündigt!‹

»Oder so wie Linus sagen: ›Papa, hab putt macht‹«, ergänzt Lisanne strahlend. – Ja, das stimmt!

——— ❖ ———

Kleine Kinder haben noch ein ungeheures Zutrauen zu Gott. Deshalb sollen wir werden »wie die Kinder«. Kinder sind noch ganz aufgeschlossen. Sie zweifeln nicht. Sie misstrauen nicht. Sie berechnen nicht, was sie tun. Deshalb hat Jesus, als er dies sagte, tatsächlich ein Kind in die Mitte gestellt. Die Jünger sollten sich ein Beispiel an den Kindern nehmen.

Ist es denn wirklich so, dass Kinder den Erwachsenen etwas voraushaben? Tatsächlich zeichnet die Kinder etwas aus: das Staunen über Gott und das schlichte Zutrauen in Gottes Möglichkeiten – »Lieber Gott«, beten

Kinder noch ganz leicht und nennen ihre Bitten – lange bevor sie überlegen und alles infrage stellen.

Kinder können noch staunen und glauben. Ihre Gebete sind prallvoll mit Erwartungen an Gott. Dazu eine Begebenheit, die sich bei einer Familie in Iserlohn im Sauerland zugetragen hat:

———— ◈ ————

Es ist Zu-Bett-geh-Zeit. Der 7-jährige Tom wartet unter der Bettdecke auf seinen Papa. Der will ihm eben noch *»Gute Nacht«* sagen kommen. Da hört Tom endlich die gewohnten Schritte vor seiner Zimmertür. Aber sein Papa ist erschöpft und müde vom langen Arbeitstag.

Deshalb fragt er Tom nur knapp: *»Na, wie war dein Tag? Wofür können wir beten?«* – *»Äh, dass Gott die Kratzer aus dem Lack wieder wegbekommt …«*, antwortet Tom leise.

Verdutzt fragt der Vater nach: *»Welche Kratzer? Was ist passiert?«* Etwas kleinlaut berichtet Tom seine Missetat. *»Ich bin heute beim Spielen über Mamas Auto geklettert und das gab ein paar tiefe Kratzer.«*

Fassungslos bohrt der Vater nach: *»Und jetzt meinst du, wir sollen beten, dass GOTT die wieder rausbekommt? Wie soll DAS denn gehen?«* – Ohne großartig nachzudenken, antwortet Tom: *»Aber Gott kann doch alles!«*

Dem hat der Papa nun wirklich nichts entgegenzusetzen. Mit hängendem Kopf und zu müde zum Schimpfen nickt der Vater nur. Und so falten die beiden ihre Hände, um dafür zu beten, das die Kratzer wieder »*weggehen*«.

Tom kommt dem Papa zuvor und betet als Erster: »*Lieber Herr Jesus, mach Du doch bitte die Kratzer aus dem Lack raus. Amen.*« Der Vater runzelt die Stirn und gibt seinem Sohn trotz der Vorkommnisse des Tages einen Gute-Nacht-Kuss. Das war für heute genug. Erst morgen möchte er sich den Schaden mal näher ansehen.

Aber es kommt etwas anders. Am nächsten Tag – Toms Papa ist schon bei der Arbeit – klingelt plötzlich das Telefon. »*Schatz, ich bin es. Du musst sofort hier vorbeikommen!*« Es ist die Mama von Tom. »*Wo bist du denn? Was ist passiert?*«, will ihr Mann wissen.

»*Ich stehe in der Innenstadt am Parkstreifen vor dem Einkaufszentrum. Stell dir vor: Unser Auto wurde gerammt. Zum Glück saß währenddessen niemand drin. Es muss ein ganz schöner Crash gewesen sein! Als ich mit den Kindern zum Auto zurückkam, war es nur noch ein Schrotthaufen. Ich kann jetzt nicht mal mehr damit wegfahren.*« Sofort macht sich Toms Vater auf den Weg, um seine Frau abzuholen.

Nach Unfallmeldung, Polizeibericht und Abschleppdienst bekommt die Familie bald ein Ersatzauto. Die Versicherung hat den Schaden übernommen.

Strahlend steht Tom ein paar Tage später neben ihrem reparierten Auto, streicht über den glatten Lack und ruft: »*Siehst du, Gott hat die Kratzer rausbekommen!*«

Mit einem ungläubigen Kopfschütteln murmelt Toms Papa nur: »*Da hat GOTT doch tatsächlich die Kratzer aus dem Lack rausgekriegt!*«

Ja, jeder Erwachsene kann sich wirklich eine riesige Scheibe abschneiden von der Großartigkeit des Kinderglaubens. Wage es, Gott mehr zuzutrauen! ☛

Der geheimnisvolle Waldschrat

Es gibt schon merkwürdige Menschen, schräge Typen und komische Sonderlinge. Einem davon begegnest du in der Geschichte von dem geheimnisvollen Waldschrat.

Was für ein schöner Tag! Pitt sitzt aufgeregt im Cockpit seines Doppeldeckers Lotte und lässt den Motor an. Stotternd dreht sich der Propeller erst zögerlich, dann pufft weißer Rauch aus der Flieger-Schnauze. Heute soll der gelbe Vogel endlich mal wieder aufsteigen – das erste Mal im neuen Jahr.

Etienne, der Mechaniker, hat die Maschine generalüberholt. Über Winter hatte er den Stern-Motor komplett ausgebaut und in seine Einzelteile zerlegt. Das war eine Arbeit! Erst gestern wurde er mit der Schrauberei fertig.

»Dank meiner Arbeit 'at Lotte sischer jetzt 5 PS mehr unter die 'aube!«, prahlt Etienne. Dafür will er heute unbedingt gemeinsam mit Pitt zum ersten Rundflug aufbrechen. *»Isch muss 'ören und fühlen, wie die Motore jetzt knattert, compris?«*

Etienne schiebt nur rasch das große Rolltor zu, klettert dann durch das Gestänge der Tragflächen und lässt sich vergnügt in den vorderen Sitz plumpsen. Ja, bei einem

Doppeldecker sitzt der Pilot hinten und der Beifahrer nimmt vorne Platz. *»Isch freue misch auf das erste Aus-flug und die 'errliche Aussicht!«*, jubelt Etienne. *»Isch muss nur noch dieses verschmierte Fliegerbrille putzen, dann werde isch mich anschnallen.«*

Geduldig lässt Pitt den Motor warm laufen, während Etienne versucht, an seinem öligen Halstuch die Brille zu putzen. Es ist ein kalter, klarer Januartag. Da entdeckt Pitt plötzlich etwas neben dem Rollfeld. *»Etienne, schau mal da drüben. Siehst du das auch? Huscht da nicht jemand durch den Wald?«*

»Ach, das ist bestimmt nur die, die forestier, ah – wie sa-gen du auf Deutsch, ah die Förster!«, vermutet Etienne. Seine Brille ist noch immer sehr verschmiert. *»So, jetzt ist es genug. Es kann gehen los!«* Und schon lässt Pitt den Motor der klapprigen Lotte aufdröhnen.

Unter ihnen poltern die beiden Reifen über die schnur-gerade Piste. Die beiden werden in ihren Sitzen ganz schön durchgerüttelt. *»Mein lieber Schwan!«*, brüllt Pitt. *»So bissig habe ich meine Lotte noch nie erlebt. Was hast du nur mit dem alten Schätzchen angestellt, Etienne? Der Motor schnurrt ja wie eine Raubkatze!«*

»Isch 'abe die Motor mit Liesels Waffel-Eisen-Fett geölt. Deshalb läuft die Maschine wieder wie geschmiert.« – Ungläubig runzelt Pitt die Stirn. Ob Etienne nur einen Spaß macht? Na ja, zuzutrauen wäre es ihm …

Als der gelbe Doppeldecker abhebt und in einer leichten Schräglage davonbraust, entdeckt Pitt für einen kurzen Moment noch einmal die geheimnisvolle Gestalt in den Büschen neben der Startbahn. Es scheint ein kräftiger Mann zu sein. *»Das ist nicht der Förster«*, sagt Pitt. *»Sieht eher aus wie ein Landstreicher ...«*

Nach dem gelungenen Start fliegt der gelbe Doppeldecker ein paar gewagte Flugnummern – ausgelassen wie ein freigelassener Kanarienvogel. Dabei tupft er kleine graue Wölkchen an den stahlblauen Winterhimmel. Etienne krallt sich ängstlich an beiden Cockpit-Seiten fest. *»'ör auf. Nicht so 'och! Wenn 'ier oben die Motoröl einfriert ...!«*

»Na gut«, bedauert Pitt, *»du hast ja recht.«* Er steuert seinen Oldtimer der Lüfte wieder Richtung Schanzer Kopf. Da! In den Tannen am Ende der Piste bewegt sich doch was! Ja, als sie über der Landebahn einschwenken, sehen sie schon wieder die geheimnisvolle Gestalt im Wald. Aber diesmal viel weiter vorne.

Sie hastet durch das Unterholz und scheint dabei nicht gesehen werden zu wollen. *»Sieh mal da. Trägt der Bursche nicht einen Revolver am Gürtel?«* – *»Ja, du hast Recht, der Kerl scheint bewaffnet zu sein! Was der wohl ausgefressen hat ...?«*

Als die Reifen die Piste berühren, ist die Person schon wieder im Wald verschwunden. *»Ich lasse Lotte bis ganz* *ans Ende der Landebahn ausrollen und dann knöpfen wir uns den Kerl mal vor«*, sagt Pitt sehr mutig. *»Der scheint sich vor uns verstecken zu wollen.«* Pitt legt den Steuerknüppel etwas nach vorn und braust über das lange Rollfeld.

Tatsächlich: Hinter den niedrigen Fichten, die um den Flugplatz herumstehen, stapft ein Mann querfeldein. Er trägt eine schwarze Mütze und einen riesigen Rucksack – wie ein Nikolaus in Schwarz. Pitt und Etienne klettern aus den engen Sitzen. *»Sei vorsischtisch, Pitt. Lieber nicht zu viel Courage bitte.«* Puh, die beiden kommen kaum aus ihren Sitzen. Ihre Beine sind steif gefroren – oder zittern sie auch etwas vor Angst? Nur mühsam nehmen sie die Verfolgung auf.

»Halt! Stehen bleiben! Was suchst du hier auf unserem Flugplatz?«, ruft Pitt in Richtung Dickicht. – *»Oder verschwinde besser lieber!«*, ruft Etienne hinterher. Doch niemand antwortet. – *»Der hat sich auf Nimmerwiedersehen in den Tannen versteckt und davongemacht!«*, vermutet Pitt. *»Ist vielleicht auch besser so …«*

Die beiden wollen aufgeben. Doch da hören sie ein Knacken und Rascheln ganz in ihrer Nähe. Erschreckt drehen sie sich zu der Seite, von wo sie das Geräusch vermuten. Und richtig – ein paar Tannenzweige schieben sich wie ein Vorhang zur Seite und jemand tritt aus dem Unterholz. Starr vor Schreck erblicken sie den Gesuchten. Er kommt direkt auf sie zu.

»Hallo, die Herren! Habt ihr mich mit eurer wilden Wespe erschreckt! Fliegt ihr immer so knapp über die Baumwipfel? Ich bin der Schorsch! Wie komme ich denn von hier am schnellsten zur Hoxmühle?«

Verdutzt schauen Pitt und Etienne auf den seltsamen Waldschrat. Will der Kerl sie reinlegen? Spielt der ihnen nur was vor? In seiner Hand hält der Wanderer einen gewaltigen Knüppel, an dem ein karierter Beutel angebunden ist.

Er trägt eine schwarze Cordhose mit zwei Reißverschlüssen, und an seinem Gürtel baumelt ein Zimmermanns-Hammer. Es war also gar kein Revolver ... Nur ein Hammer!

Der Bursche scheint noch jung zu sein, vielleicht 18 Jahre alt. Trotz der Kälte sieht er verschwitzt aus. Aber er hat ein ehrliches Gesicht. *»Zur Hoxmühle? Was willst du denn da? Das sind doch noch mindestens zehn Kilometer ...«*

Schnell hat Schorsch seine Geschichte erzählt. Er ist ein Zimmermanns-Lehrling. Für das Frühjahr sucht er eine neue Stelle. Deshalb ist er auf der Walz. Auf der Walz? Was ist das denn? Die Walz – so nennen Handwerker eine Zeit der Wanderschaft, während der sie etwas dazulernen wollen. Sie ziehen dabei von Ort zu Ort auf der Suche nach einem guten Meister, der sie aufnimmt und ihnen noch mehr beibringen kann.

In Winkelstädt hat Schorsch von der Hoxmühle gehört. Dort soll ein Sägewerk mit einem alten Meister sein, der viel von Holz versteht. Schorsch hat ihn sofort angerufen und sich angekündigt. Allerdings hat ihm keiner den Weg erklären können – nur die ungefähre Himmelsrichtung. Und so ist Schorsch munter drauflosgestiefelt, einfach so querfeldein.

»Ach, deshalb 'aben wir dich 'ier in die Wald ertappt«, sagt Etienne. *»Ja, genau!«*, antwortet vergnügt der Wanderbursche. *»Aber in einer Stunde wird es dunkel. Willst du nicht lieber bei uns zu Gast sein und morgen weiterziehen?«*, erkundigt sich Pitt.

»Ihr seid aber nett. Das geht aber leider nicht«, antwortet Schorsch. *»Ich muss mich unbedingt noch heute Abend bei der Hoxmühle vorstellen. Der Meister fährt nämlich morgen früh für einige Tage weg.«*

»Ach so!« Jetzt macht Pitt Diesel einen guten Vorschlag. *»Schorsch, wie wäre es, wenn ich dich zur Hoxmühle fliege? Dann bist du in fünf Minuten dort.«* Da ist Schorsch sprachlos. *»Du willst mich fliegen? Ehrlich? Das würdest du tun? Das wäre großartig!«*

»Das ist kein Problem für mich«, sagt Pitt. *»Unsere Lotte ist längst startklar. Und das mit der ›wilden Wespe‹ hat Lotte ja zum Glück nicht gehört. Los, wirf deinen Rucksack in die Gepäckluke, zieh dir Etiennes Fliegerbrille auf und steig ein. Wir fliegen gleich los.«*

Etienne öffnet die Ladeklappe hinter dem Cockpit und will Schorsch beim Verladen des schweren Rucksacks behilflich sein. Doch Schorsch schüttelt heftig mit dem Kopf.

»Nein, das kann ich nicht auch noch annehmen. Wenn ich schon mitfliegen darf, trage ich wenigstens den Rucksack selbst. Das wäre ja noch schöner, wenn du auch noch meinen Rucksack befördern müsstest. Zumindest den nehme ich dir ab! Den lass ich auf meinem Rücken. Ich mache mich beim Fliegen auch ganz leicht, damit du nicht so viel Sprit verbrauchst. Ich werde keine Sekunde mit meinem vollen Gewicht auf dem Sitz hocken. Versprochen!« –

Mit offenem Mund schauen sich Etienne und Pitt an? Was sagt der Zimmermann da? Er will den Rucksack selbst tragen? Er will sich ganz leicht machen? Er will Sprit sparen helfen? – *»Ja. Ein bisschen was muss ich doch schon dazu beitragen, dass wir gut ans Ziel kommen, oder?«*, meint Schorsch.

»Mein lieber Schorsch. Das geht nicht. Ich nehme dich gerne mit, und zwar so, wie du bist«, beteuert der verdutzte Pitt. *»Nur den Rucksack musst du vorher ablegen. Der Platz im Cockpit ist sonst viel zu eng für dich. Ich könnte auch kaum etwas sehen. Dein Riesen-Rucksack würde mir die Sicht versperren. Wenn ich dich mitnehme, dann musst du deinen Rucksack in den Laderaum stopfen.«*

Tja. Ein komischer Vogel, dieser Schorsch. Er freut sich zwar riesig, dass er fliegen darf, aber er will unbedingt etwas dazu beitragen, dass man ihn gut ans Ziel bringt. Er will sich beim Fliegen »ganz leicht machen«, damit Pitt nicht so viel Sprit braucht.

Ist das nicht dumm? Jedes Kind weiß, dass das nicht geht. Aber genauso denken viele Menschen von Gott. Sie hören von Gottes großem Angebot: von seiner Einladung zum ewigen Leben im Himmel – von seiner unbegreiflichen Gnade. Aber sie meinen, man müsse Gott dabei behilflich sein, dass er uns ans Ziel bringen kann.

Aber das geht nicht! Gott braucht nicht unsere Unterstützung. Allein seine Gnade trägt uns. »Denn durch die Gnade seid ihr errettet mittels des Glaubens; und das nicht aus euch, Gottes Gabe ist es; nicht aus Werken, damit niemand sich rühme« (Epheser 2,8-9).

Dazu musst du dich nur Gott ganz anvertrauen. Zuerst möchte er deinen schweren »Rucksack« haben. Was ist damit gemeint? Nun, das bedeutet: Du musst ihm deine ganze Last, alles, was dich bedrückt, dein plagendes Gewissen – deine Schuld und Sünde abgeben. Anders wirst du nicht einsteigen können.

Doch da schütteln schon viele mit dem Kopf. »Nein, das will ich nicht! Das gebe ich nicht her. Das trage ich schon *selbst. So schlimm ist das doch gar nicht. Ich bin doch ganz anständig. Meinen Rucksack will ich gar nicht loswerden.«*

Aber so kann man nicht ans Ziel kommen. Jesus Christus muss dir zuerst deine Sünden abnehmen, sonst wirst du nie in den Himmel kommen.

Die Bibel sagt uns über Gott in Römer 9,15+16: *»›Ich werde begnadigen, wen ich begnadige, und ich werde mich erbarme, wessen ich mich erbarme.‹ Also liegt es nun nicht an dem Wollenden noch an dem Laufenden, sondern an dem begnadigenden Gott.«* Mit anderen Worten: Es kommt also nicht auf das Wollen und Bemühen eines Menschen an, sondern allein auf Gott und sein Erbarmen.

Verstehst du? Es kommt allein auf Gott an. Er bietet dir seine Gnade an – seinen Freiflug in den Himmel. Vertraust du dich ihm an? Es liegt nicht an dir, an deinen Anstrengungen. Allein seine unverdiente Gnade bringt uns ans Ziel. Du kannst nichts hinzufügen. Das ist das Evangelium – die gute Botschaft von Gottes unbegreiflicher Großzügigkeit.

Was meinst du, wie die Geschichte von Schorsch wohl weitergegangen ist? Hat er seinen Rucksack abgegeben? Und kam er noch pünktlich zur Hoxmühle? – Na ja, die Hauptsache ist, dass wenigstens du all deinen Ballast loswirst und Gottes gutes Ziel erreichst! ☛

Zurück an den Absender

Fällt es dir leicht, etwas zu verschenken? Hast du schon mal etwas abgeben müssen, was dir sehr, sehr schwer gefallen ist? Ja? – Hanna Diesel hat das auch erlebt ...

»Mama! Hast du das furchtbare Bild auf dem Titelblatt gesehen?« Hanna hält die aufgefaltete Zeitung hoch, damit ihre Mutter es sehen kann. Liesel Diesel, Hannas Mutter, steht gegenüber an der Spüle und schält Kartoffeln. Unter der fetten Überschrift sieht sie ein riesiges Foto: Trümmer eines verbrannten Hauses, davor ein weinendes Kind. *»Mama, hör mal, was hier unter dem Bild steht!«*

Hausbrand in Stolzach. Ganzer Besitz wurde ein Raub der Flammen.

31

»Hausbrand in Stolzach. Ganzer Besitz wurde ein Raub der Flammen«, liest Hanna sichtlich bewegt vor. *»Ist das nicht schrecklich?«* – *»Ja, ich hab es gestern Abend in den Nachrichten gehört. Diese Familie verlor wirklich alles. Das ganze Haus, mit Schuppen und Garage, ist komplett abgebrannt.*

In dem Schuppen stand ein Wohnwagen. Eine alte Gasflasche in dem Wohnwagen ist wohl explodiert und hat den Brand verursacht. Zum Glück wurde keiner verletzt. Aber die Familie kam nur mit dem nackten Leben davon.« – *»Mama, hier steht, dass die zwei Mädchen und einen Jungen haben«*, stellt Hanna fest.

»Schrecklich, oder? Da müssen wir doch etwas tun. Können wir nicht helfen?«, meint Hanna spontan. *»Doch, das können wir. Da steht doch bestimmt irgendwo eine Spenden-Kontonummer dabei, oder?«*

»Nein. Nichts. Mama, ich fände es auch viel besser, wenn wir denen etwas Nettes schicken. Etwas, was die Kinder nötig brauchen oder bestimmt sehr vermissen«, schlägt Hanna vor.

»Das ist eine gute Idee! Was könntest du denn abgeben? Vielleicht etwas von deinem Spielzeug oder deinen Kleidern?« – Hanna überlegt eine Weile. Dann sagt sie voller Überzeugung: *»Ich möchte den Mädchen meine Lieblingspuppe schenken. Dürfte ich Isabell dort hinschicken?*

Hannas Mutter ist verblüfft. Isabell? Ausgerechnet Isabell!? Diese Puppe hatte immer einen Ehrenplatz in Hannas Zimmer. Sie saß seit Kindertagen auf dem Regalbrett an Hannas Bettende. Diese Puppe kam bisher in der Beliebtheitsskala direkt hinter ihrem Pony Loop. Jetzt ist Hanna zwar nicht mehr im Puppenalter, aber sie hängt noch immer sehr an Isabell.

Aber Hanna gibt sich einen Ruck. Nach den Hausaufgaben holt sie ihre Lieblingspuppe und legt sie in einen Schuhkarton. Dazu packt sie noch allerhand Zubehör: Schuhe, Täschchen, Mützen und ein paar Süßigkeiten. Mit den Puppenkleidern stopft sie die Lücken und obenauf legt sie einen kurzen Brief:

> *Hallo! Das ist meine Lieblingspuppe für euch, weil ihr alles verloren habt. Sie hört auf den Namen Isabell. Mein Name ist Hanna Diesel, ich wohne in Winkelstädt, Gasthof Schanzer Kopf. Schreibt mir bitte, was ihr noch dringend braucht. Vielleicht kann ich es besorgen. Gott behüte euch!*   *Eure Hanna*

Zufrieden klebt Hanna das Paket zu. Dann schreibt sie mit dickem Filzstift auf das Paket: AN DIE FAMILIE MIT 3 KINDERN, AUS DEM ABGEBRANNTEN HAUS, STOLZACH.

Doch dann überlegt sie: »*Hmm, was ist eigentlich die Postleitzahl von Stolzach? – Ach, egal. Das müsste reichen. Aus den Nachrichten weiß doch sowieso jeder, welche Adresse ich meine. In Stolzach stehen bestimmt nicht sehr viele abgebrannte Häuser.«*

Hanna ist sehr gespannt, ob sich die Beschenkten bald bei ihr melden werden ...

———— ◆ ————

Zwei Tage später. Hanna kommt gerade aus der Schule nach Hause und lässt ihre Schultasche müde unter die Garderobe fallen. Als sie ihre Jacke aufhängt, schaut ihre Mama aus der Flurtür und sagt: *»Schön, dass du da bist, Hanna! Übrigens: Der Postbote hat heute etwas für dich abgegeben.«*

»Wow! Bestimmt den Dankesbrief von den Abgebrannten, oder? Zeig mir mal bitte. Wo liegt denn der Brief?« – *»Es ist kein Brief. Es ist ein Päckchen.«*

»Waas? Das ist ja genau M E I N Päckchen!«, ruft Hanna entgeistert. Tatsächlich. Da liegt der zugeschnürte Schuhkarton – noch ungeöffnet – wie bestellt und nicht abgeholt.

Total enttäuscht nimmt Hanna das Paket in die Hände und schlendert in die Küche. Da kommt auch gerade Pitt, Hannas Onkel, zum Mittagessen herein. Er ist Pilot und hat seinen Flugplatz gleich nebenan. Fast jeden Tag kommt er zu seiner Schwester Liesel zum Mittagstisch.

Als er Hannas zerknirschtes Gesicht sieht, sagt er: »*Na, was hat meine Nichte denn so Vernichtendes erlebt, dass sie so traurig ist?*«

Mit knappen Sätzen erzählt Hanna ihrem Onkel die ganze Enttäuschung. »*Hmm. Vielleicht konnte der Postbote an dem betreffenden Haus niemanden antreffen. Diese Familie kann ja unmöglich in der verbrannten Ruine leben, oder?*«, meint Onkel Pitt. Ja, das könnte sein: Die sind bestimmt unbekannt verzogen. Womöglich hat das Haus ja nicht mal mehr einen Briefkasten …

»*Ach, irgendwie freue ich mich, dass Isabell zurück ist. Ich habe sie in den beiden Tagen schon sehr vermisst*«, gesteht Hanna. »*Komisch, oder? Ich dachte sogar: Vielleicht finden die beiden Mädchen meine Puppe doof und werfen die weg. Oder ihr Bruder kriegt Isabell in die Finger und reißt ihr Arme und Beine aus …*«

»*Weißt du was, Hanna?*«, sagt Pitt. »*Dein Erlebnis erinnert mich an ein Paket, das auch zurück an den Absender geschickt wurde. Die Geschichte steht in der Bibel. Im 2. Buch Mose. Kennst du die Begebenheit, wo jemand ein Paket abschickt und es kurz darauf wiederbekommt?*« – »*Nö. Keine Ahnung*«, sagt Hanna.

»*Dann pass mal auf. Ich habe hier einen sehr interessanten Brief mitgebracht. Lies den mal. Dann wirst du vielleicht dahinterkommen.*«

Sehr geehrter Prinz!
(Mein liebes Bruderherz)

Nun bist du endlich so alt, dass du lesen kannst. Nach langer, schwerer Zeit, nach Jahren des Zögerns und Schweigens möchte ich dir einen Brief schreiben.

Ich verrate dir ein Geheimnis: Ich bin diejenige, die dir das Leben gerettet hat. Du wirst dich nicht daran erinnern. Aber ich kann mich noch an jeden Moment mit dir erinnern.

Was für ein schönes Baby du warst, mein Bruder! Ich konnte mich nicht sattsehen an dir. Aber wir durften dich nur 12 Wochen bei uns haben. Mit 3 Monaten wurde dein Schreien zu laut. Weder Mamas noch mein Geschick reichten aus, um dich zu beruhigen.

Da schickte Mama mich los, um trockenes Papyrus zu holen. Ich raufte ein Bündel am Ufer des Nils aus. Ich wusste nicht, was ich damit sollte. Mama saß nur da, während sie dich stillte, und schaute dich an. Dann bat sie mich leise, die Schilfhalme in Streifen zu reißen. Dabei bist du eingeschlafen. Während du schliefst, begann Mama mit dem Flechten.

Und denk dir: Das trockene Schilfrohr wurde feucht in ihren Händen, so sehr rannen ihre Tränen in das Stroh.

Ich begriff nicht, warum sie weinte. Noch bevor du aufwachtest, war das Körbchen samt Deckel fertig. Fast! Ich dachte, es sei für Bohnen oder Gurken, aber es war für dich.

Und es fehlte noch etwas. Sie verklebte das Geflecht mit Harz und bestrich es von außen mit Pech. Von innen war das Körbchen eine behagliche Wiege – aber von außen sah es aus wie ein Sarg!

Dann brachte Mama dich schweren Herzens hinunter ans Ufer. Sie trug dich auf ihrer Hüfte – wie sonst den Wäschekorb zum Fluss. Aber sie ging diesmal weder flink noch fröhlich. Sie schritt so langsam, so bekümmert wie bei einer Beerdigung.

Dann kniete sie sich an den Nil. Aber nicht da, wo sie sonst die Wäsche wusch, sondern nahe am Badesteg der Königsfamilie. Sie bog sich, wie unter Schmerzen, zu dir hinab – bis zum Zerbrechen – und küsste dich. Dennoch gab dich Mama aus ihrem Arm.

Du hast es sofort verspürt – hast es irgendwie gemerkt. Du hast so geschrien … Doch der geflochtene Deckel dämpfte dein klägliches Rufen. Dann stieß sie mit murmelnden Lippen das Schiffchen ab. Sie segnete dich und ließ dich los. Nun musste Gott dich weiter beschützen – Mama konnte es jetzt nicht mehr.

Sie musste zurück zu Aaron – deinem 3-jährigen Bruder. Aber ich blieb. Ich blieb den ganzen Tag, um zu sehen, was mit meinem kleinen Bruder geschehen würde. Dein Körbchen trieb ein Stück stromabwärts. Ich stand auf Zehenspitzen und mein Herz pochte.

»Dieser finstere Strom hatte schon viele deiner Altersgenossen verschlungen – und hier sind Krokodile!«, dachte ich. Das Körbchen wippte einsam in den Wellen des Nils. Und die Papyrushalme wedelten dazu wie Fächer um einen ägyptischen Prinzen.

Das sanfte Auf und Ab wiegte dich offenbar in den Schlaf. Ich hörte dich nicht mehr, aber ich ließ dich keinen Moment aus den Augen. Ich dachte an nichts anderes – weder an den Heimweg noch an die Zeit. Doch plötzlich saß dein Körbchen fest. Ganz nah am Badesteg war deine kleine Arche im Schilf vor Anker gegangen.

Dann hörte ich auch bald wieder dein lautstarkes Geschrei. Und nicht nur ich. Wenn du wissen willst, wie es weiterging und wie unser kleines Paket dann doch noch zurück an den Absender kam, schreib mir bitte, bitte zurück.

In tiefer Sehnsucht nach meinem Bruderherz grüßt dich
deine
Mirjam

»Och, ist das eine schööööne Geschichte!«, seufzt Hanna. »Ich weiß: Mit dem Prinzen im Brief ist Mose gemeint. Da wird seine Familie aber froh gewesen sein, dass das kleine Paket wieder zu Hause angekommen ist.«

»War das denn wirklich so?«, will Liesel wissen. Hannas Mama liest nämlich fast nie in der Bibel.

»Na ja, fast«, antwortet Pitt. »Ich weiß nicht, ob Mirjam wirklich so einen Brief geschrieben hat, aber die Angaben stimmen überwiegend mit dem Bericht aus der Bibel überein. So ähnlich hat es sich zugetragen. Lies es mal nach – in 2. Mose, Kapitel 2 findest du die ganze Geschichte.

Weißt du, was ich an Mirjam so besonders finde? Sie hat wirklich gut auf ihr Brüderchen aufgepasst. Mirjam war zur richtigen Zeit am richtigen Ort. Sie wollte freiwillig ihres Bruders Hüter sein. Sie hatte auf Mose ein Auge, obwohl es ihr niemand befohlen hatte. Mirjam kümmerte sich um Mose, weil sie ihren Bruder so lieb hatte!

Auch wir sollen so aufeinander achthaben, dass keiner übersehen wird oder sogar untergeht. Auch wenn wir keine eigenen Geschwister haben, so wie du, Hanna, gibt es immer noch viele Kinder, um die wir uns kümmern können.« – »Ja, wie zum Beispiel die drei Kinder aus dem abgebrannten Haus.«

———— ◆ ————

Weißt du, wie das Körbchen von Mose dann doch noch nach Hause zu seiner Mutter kam? Und wieso spielte Mirjam dabei eine wichtige Rolle? Kennst du die Antwort?

Wenn nicht, suche sie in der Bibel. Im 2. Buch Mose im 2. Kapitel findest du sie. Und denk dran: Kümmere dich so um andere, wie Mirjam um ihren kleinen Bruder Mose! ☛

Verheimlicht

Hey, du – psssst! Ja, du! Bewahrst du vielleicht gerade ein Geheimnis? Also keins im Sinne einer Geburtstagsüberraschung oder deiner neuesten Geheimschrift. Nein, sondern ein schlechtes Geheimnis? Also etwas, was du unbedingt vor deinen Eltern verheimlichen musst – etwas, was dir peinlich ist? Nun, wenn dem so ist, kannst du dich bestimmt ziemlich gut in die nächste Geschichte hineinversetzen ...

Simson war sehr aufgeregt. Endlich sollten seine Eltern seine Freundin kennenlernen. Wie oft hatten sie ihn schon gefragt: »*Warum willst du ausgerechnet diese Frau? Muss es unbedingt eine Philisterin sein? Schließlich gehört sie zu den Feinden unseres Landes Israel.*«

Aber Simson war so verliebt, dass er nicht auf seine Eltern hören wollte. Ihn kümmerten die Sorgen seiner Eltern nicht. Und er interessierte sich auch herzlich wenig dafür, was Gott über sein Vorhaben dachte. Sein Lebensmotto war einfach: *Wenn ich etwas will, dann nehme ich mir es.*

Eines Tages gingen Simsons Eltern mit ihm in Richtung Timna. Das lag in einer Ebene, nicht weit vom Mittelmeer entfernt. Zu Fuß brauchten sie etwa einen Tag. Als die drei das hügelige Bergland und den letzten Höhenzug hinter sich gelassen hatten, kamen sie in die Weinberge des Stammesgebietes von Juda. Herrlich, dieses herbstliche Bunt des Weinlaubs. Dazu in der Ferne das schäumende Türkis des Meeres und über ihnen das endlose Blau des Himmels. Traumhaft.

Simson sah ab und zu ein paar reife Trauben in der Sonne funkeln. Eigentlich war der Weinberg schon abgeerntet. Die waren wohl noch übrig geblieben. Wie die Weintrauben wohl schmeckten? Simson konnte es sich nicht vorstellen. Er hatte nämlich noch nie davon probiert. Er durfte es nicht! Hm, wieso durfte er das nicht? Hatte er etwa eine Trauben-Allergie?

Nein, aber Simson musste damals die Finger von toten Tieren lassen und durfte nichts essen, was vom Weinstock kam. Also keine Rosinen, keine Trauben, keinen Wein. So hatte Gott es Simsons Mutter schon vor seiner Geburt durch einen Engel mitgeteilt. Und seiner Mama war es sehr wichtig, sich an das zu halten, was Gott gesagt hatte. Deshalb erzählte sie später Simson von ihrem Gelübde – so nennt man dieses Versprechen – und bat ihren Sohn eindringlich, sich gewissenhaft daran zu halten. (Vergleiche dazu 4. Mose 6,1-6 und Richter 13,5-7.)

Nun, sicher kannst du dir gut vorstellen, dass so ein Weinberg ein denkbar ungünstiger Ort für jemanden ist, der mit Weintrauben nichts zu tun haben sollte.

Aber vielleicht mussten sie ja diesen Weg nehmen, um an ihr Ziel zu kommen. Simsons Eltern waren in ein Gespräch vertieft. Weil es jetzt steil bergab ging, wurden ihre Schritte schneller.

Ging Simson nun absichtlich etwas langsamer und ließ den Abstand zwischen sich und seinen Eltern größer werden? Vielleicht hatte ihn die Lust am Verbotenen gepackt. Sollte er sich als Gottgeweihter nicht von einem Weinberg fernhalten? Dennoch schlenderte Simson neugierig an den Weinstöcken entlang. Wie saftig die Trauben aussahen …

Er wollte gerade eine saftige Beere abreißen, da hörte er hinter dem knorrigen Weinstock etwas knacken. Ein großes Tier fauchte, senkte den Kopf und setzte zum Sprung an. Simson erkannte es sofort: Er hatte einen Berglöwen aufgeschreckt. Die Augen der Raubkatze funkelten.

Simson pochte der Puls in den Schläfen. Er war völlig unbewaffnet, ungeschützt und allein. Hatte der Löwe erst eine geduckte Haltung, so sprang er jetzt mit Gebrüll direkt auf den jungen Mann zu.

Doch Simson gelang es, den scharfen Pranken auszuweichen, und bekam sogar die Mähne des Löwen zu packen. Er spürte in sich ungeahnte Kräfte. Mit seinem linken Arm umklammerte er den Nacken und seine rechte Hand krallte sich am Unterkiefer des Löwen fest. Simson spürte den heißen Atem und die unglaubliche Kraft des Raubtiers.

Dann warf sich Simson auf die Seite und riss den Kopf des Löwen ruckartig nach hinten. Das Raubtier brüllte und schlug mit allen vieren aus. Aber der Löwe konnte sich nicht aus Simsons Umklammerung befreien. Simson brach dem Löwen das Genick, als wäre der ein zartes Ziegenböckchen. Woher hatte er wohl diese unglaubliche, übernatürliche Kraft?

Nun war es wieder ganz still im Weinberg. Nur Simsons Herz pochte so laut wie eine Trommel. Mit beiden Händen wischte er sich den Schweiß aus dem Gesicht. Dann erst betrachtete Simson kopfschüttelnd seinen gefährlichen Gegner. Da lag die riesige Raubkatze – mausetot. Aber um ein Haar hätte der Ausflug in den Weinberg ihn das Leben gekostet.

Erinnerst du dich noch an das Versprechen, das Simsons Mutter Gott gegeben hatte? Er durfte doch keine Trauben essen!

Konnte es sein, dass Gott den Löwen geschickt hatte, um ihn zu warnen? Um ihn davor zu bewahren, etwas Falsches zu tun – etwas gegen die Bestimmung Gottes für sein Leben?

Mit beiden Händen fuhr er sich nach der lebensgefährlichen Begegnung mit dem Löwen durch seine langen, wirren Haare. Dann dachte er an seine Eltern und an seine Freundin, die in Timna schon auf ihn wartete.

Noch etwas außer Atem hastete Simson zurück auf den Weg und lief seinen Eltern nach. Der Kampf mit dem Löwen hatte nicht einmal eine Sandalen-Anzieh-Länge gedauert. Seine Eltern saßen am Wegesrand und warteten auf ihn.

»Hast du eben auch einen Löwen brüllen gehört?«, wird wohl sein Vater gefragt haben. Aber Simson antwortete nicht darauf.

———— ◆ ————

Ist ja eine verrückte Geschichte, nicht wahr? Stell dir mal vor, du würdest einem Löwen begegnen … Mannomann! Nun, einem echten wohl eher weniger. Aber einem anderen schon eher. Wie das?

Nun, in der Bibel steht, und zwar im 1. Petrusbrief, dass der Teufel der Gegenspieler und Feind Gottes ist. Und dass der Teufel wie ein brüllender Löwe umherschleicht und darauf lauert, wen er verschlingen kann. Also wen er zum Beispiel dazu bringen kann, etwas Falsches zu tun. Aber Gott ist stärker und will dir – wie auch Simson damals – Mut und Kraft schenken. Das ist doch eine geniale Sache, nicht wahr!?

———— ◆ ————

Nach einiger Zeit machte sich Simson wieder auf den Weg nach Timna zu seiner Freundin. Und wieder kam er an den Weinbergen vorbei. Was wohl aus dem Löwen geworden war? Ob er noch etwas finden würde, was er vielleicht als Jagdtrophäe mitnehmen könnte?

Ob Geier oder Raben das Aas längst vertilgt hatten? Oder hatten die Weinbergsbesitzer das tote Tier längst weggeschafft?

Simson musste nicht lange nach der Stelle suchen. Da lag er, der tote König der Tiere – alles andere als majestätisch. Weiße Knochen ragten aus dem abgenagten Brustkorb. Laub und Staub bedeckten sein Fell.

Plötzlich hörte Simson ein Brummen. Er erstarrte. War da etwa ein Artgenosse? Ein weiterer Löwe? Ganz deutlich hörte er das Geräusch. Es kam aus dem Innern der Raubkatze. Simson bückte sich und entdeckte im Brustkorb einen wilden Bienenschwarm. Der hatte sich in dem Löwenleib eingenistet. Triefende Honigwaben hingen zwischen den Rippen.

Simson brach einige Scheiben der willkommenen Süßigkeit ab. Er fürchtete sich nicht, von den Bienen gestochen zu werden. Er schleckte den Honig und kaute das Wachs.

Stell dir vor: In einem toten Tier ein lebendes Bienenvolk. In dem stinkenden Kadaver ein leckerer Honigvorrat. Das gefährliche Raubtier plötzlich ein Süßspender.

———— ◆ ————

Kennst du das, dass dich die Neugier dahin treibt, etwas Verbotenes zu tun? Erst bleibst du vielleicht noch auf Abstand, doch dann wird die Versuchung immer größer.

Vielleicht testest du auch so wie Simson Grenzen aus. Natürlich so, dass deine Eltern nichts davon mitbekommen. Geschickt schaffst du es dann, alles vor ihnen zu verheimlichen.

Danach fühlst du dich vielleicht schlecht. Aber du bringst es nicht fertig, mit deinen Eltern darüber zu reden. Dein Gewissen schlägt zwar Alarm, dein Herz pocht wie wild, aber du schämst dich und bist womöglich feige. Und das lässt dich schweigen.

Weißt du, Gott kannst du vertrauen wie keinem anderen. Er hat nur Gutes mit dir im Sinn – er will dich vor Schlechtem bewahren. Rede doch mit ihm über das, was du verheimlichst. Deshalb sei doch offen und ehrlich zu ihm. Du kannst deine Probleme, Sorgen und auch Fehler immer zu Gott bringen. Er freut sich, wenn du zu ihm kommst.

Vertrau ihm doch und bitte ihn um Vergebung. Er vergibt dir gerne. Bitte ihn, dir Mut zu schenken, auch mit deinen Eltern darüber zu sprechen. Du wirst merken: Das macht froh!

Wenn du auch schon mal eine Sache gemacht hast, von der du eigentlich wusstest, dass sie nicht in Ordnung ist, dann habe den Mut, es jemandem mitzuteilen. Bekenne es! Sonst bleibt das ein schlechtes Geheimnis. So, und jetzt wünsche ich dir löwenstarke Erfahrungen mit Gottes Vergebung. ☞

In Englisch wird's eng

Heute wird es Matze mulmig. Es hat irgendwie mit der Schule zu tun. Das kennst du sicher auch. Immer diese Sorge nach einer Arbeit. Was kriege ich für eine Note? Vielleicht findest du dich in dieser Geschichte ganz gut wieder.

Ungeduldig wartet Tim vor Matzes Haustür. *»Mensch, wo bleibt der nur? Wir kommen noch zu spät zur Schule. Sonst steht er immer schon vor der Tür und wartet auf mich. Jetzt lässt er mich hier warten. – Ob Matze krank ist?«* Da öffnet sich endlich die Haustür und Matze kommt heraus. *»Ah, da bist du ja, wo warst du denn so lange?«* Aber Matze antwortet nicht.

Jeden Morgen treffen sich Matze und Tim, um zusammen zur Schule zu gehen. Jeden Morgen nimmt Tim dafür einen kleinen Umweg in Kauf. Sonst steht Matze meistens schon ungeduldig vor der Tür und schaut kritisch, wenn Tim endlich um die Ecke biegt.

Aber heute ist alles anders. Nicht nur, dass Matze zu spät kommt, irgendetwas ist nicht in Ordnung mit ihm. Matze, der sonst eine Frohnatur ist, kommt diesmal mit gesenktem Kopf aus der Haustür geschlurft und zieht diese ungewöhnlich langsam hinter sich zu. An anderen Tagen geschah es öfter, dass seine Mutter ihm hinterherrief, er solle doch die Tür nicht so zuknallen.

Nein, irgendetwas stimmt heute nicht. Wieso macht Matze ein Gesicht wie eine Miesmuschel? Als Tim ihn fragt, antwortet er nur knapp: *»Ach nix, ist schon okay.«* Doch Tim erwidert: *»Du siehst aber nicht so aus, als wenn nichts wäre.«*

Dann macht er ihm einen Vorschlag: *»Du, Matze, bist du heute Mittag dabei? Direkt nach der Schule werfen wir den Rucksack in die Ecke und treffen uns wieder im Schwimmbad. Oh Mann, wir müssen echt aufpassen, dass die neue Rutsche nicht zur Sucht wird. Meine Mutter meint, wir würden es übertreiben.«* Doch Matze zuckt nur mit den Schultern und sagt: *»Ich weiß nicht genau, irgendwie hab ich keine Lust auf Schwimmbad.«*

Tim schaut verwundert in Matzes Richtung. Matze und keine Lust auf Schwimmbad? Das gibt's doch nicht! Er ist doch immer derjenige, der nur das Schwimmbad und die neue Rutsche im Kopf hat. Nein, hier stimmt etwas nicht. Matze bleibt in Gedanken versunken und kickt immer wieder eine zerknautschte Cola-Dose vor sich her. Dabei blickt er kaum hoch und sagt keinen Mucks. So kennt Tim Matze nicht.

»So, Matze, spuck's aus! Was ist los mit dir?« – *»Ich sagte doch: Nichts.«* – *»Mensch Matze, ein Blinder sieht doch, dass hier was nicht stimmt.«*

»Okay, es ist wegen der Schule.«

»Was ist mit der Schule? Hast du die Hausaufgaben nicht gemacht? Du machst dir doch sonst nicht so viele Sorgen wegen der Hausaufgaben ...«

»Nein, es hat nichts mit den Hausaufgaben zu tun. Weißt du nicht, was Herr Welker für heute angekündigt hat?« – »Ach so. Meinst du die Rückgabe der Englisch-Arbeit?«

Matze nickt nur, den Blick immer noch auf den Boden gerichtet. Je näher sie zur Schule kommen, umso wilder schlägt sein Herz. Noch nie hatte er so ein ungutes Gefühl auf dem Weg zur Schule. Vor allem, weil er ja sonst sehr gerne in der Schule war. Matze ist ein guter Schüler, der mit seiner Art auch von den meisten Schülern und Lehrern gemocht wird.

Heute jedoch wäre er am liebsten zu Hause geblieben. Kurz dachte er auch darüber nach und überlegte morgens im Bett, ob nicht irgendwo etwas zwickt und ihm die Berechtigung gäbe, zu Hause zu bleiben. Leider schien alles in bester Ordnung zu sein. So blieb ihm nichts anderes übrig, als sich aufzuraffen und den schweren Weg zur Schule anzutreten.

»Wieso machst DU dir wegen der Englisch-Arbeit Sorgen?«, fragt Tim erstaunt. – *»Ich glaube, die war nicht so gut ...«*, antwortet sein Freund.

»Ach komm, wenn ICH das sagen würde, dann könnte man das glauben. Aber DU? Du schreibst doch immer

nur Spitzennoten. Wieso sollte das heute anders sein? Mach dir keine Sorgen, das wird schon – wie immer. Du wirst sehen: Alles halb so wild. Danach bist du hoffentlich wieder der Alte und wir können uns auf den Weg zum Schwimmbad machen.«

Doch Matze verneint: *»Heute wird es nicht so sein. Leider nicht ...«*

Den ganzen Vormittag muss Matze sich gedulden. Während der Doppelstunde Deutsch ist er kaum ansprechbar. Er beteiligt sich auch nicht am Unterricht. Erst in der sechsten Stunde ist Englisch. In der Pause fühlt er sich wirklich krank. Ein abscheulicher Tag. Doch jetzt ist es so weit.

Da kommt Herr Welker, ihr Englischlehrer, in die Klasse. *»So, die Stunde der Wahrheit. Jetzt kriegt jeder von euch, was er verdient hat. Zuerst aber, wie immer, der Notenspiegel.«* Der Lehrer kritzelt mit Kreide die Zahlen 1 bis 6 nebeneinander. Dann zieht er einen Strich darunter und beginnt aufzuschreiben, wie viele Schüler jeweils eine Eins, Zwei, Drei usw. haben.

»Ich muss euch wirklich loben. Die Arbeit ist sehr gut ausgefallen. Es gab sechs Einsen, elf Zweien, acht Dreien. Und nun kommt ein Highlight, es gibt keine einzige Vier. Das hatten wir noch nie. Leider gab es aber eine Fünf, was sehr schade und dazu noch ziemlich unerwartet ist.«

Matze wusste sofort, wer die Fünf bekommen würde. Oder hatte er sich vielleicht doch auf eine Drei retten können? Die Arbeit ist doch so gut ausgefallen. Konnte es vielleicht doch noch gereicht haben?

Nun verlassen die Schüler alle den Klassenraum. Der Lehrer ruft jeden einzeln herein, um die Arbeit auszuteilen und kurz, ohne dass der Rest zuhören kann, die Note zu besprechen. Jeder nimmt seinen Rucksack mit raus; wer seine Arbeit zurückbekommen hat, darf schon nach Hause gehen.

Matze kommen die Minuten unendlich vor. Innerlich versucht er die aufkeimende Hoffnung zu unterdrücken. Da kommt sein Freund Tim aus der Klasse und ruft:

»Ich habe eine 3+, ist das nicht irre? Ich bin nicht derjenige, der die Fünf hat. Juhu, eine 3+. Also, Matze, du musst dir nun überhaupt keine Sorgen mehr machen. Du warst noch nie schlechter als ich. Also, Kopf hoch, du bist übrigens auch der Nächste. Bis gleich!« – Tatsächlich: Gerade ruft Herr Welker Matzes Namen auf.

»Bitte setz dich kurz, ich muss nur noch die letzte Note in mein Buch eintragen. So, Matthias, jetzt sag mir erst einmal, was mit dir los ist.« – Aber Matze sitzt mit gesenktem Kopf da und antwortet nicht.

»Leider muss ich dir mitteilen, dass du die einzige Fünf hast. Du und eine Fünf, da stimmt doch was nicht?

Du hast noch nie eine Vier gehabt und jetzt eine Fünf. Matthias, kannst du mir sagen, was los ist? Ist bei euch zu Hause alles in Ordnung? Gibt es einen Grund für diese Note? Kann ich dir vielleicht irgendwie helfen?«

Mit feuchten Augen seufzt Matze: *»Es ist alles in Ordnung, es liegt nur an mir.«* Matze kann sich nicht überwinden, offen mit dem Lehrer zu reden. Sein Gefühl hatte ihn also nicht betrogen: Die Arbeit ist so ausgefallen, wie er es befürchtet hatte – so, wie er es verdiente. Matze verabschiedet sich und macht sich auf den Heimweg. Erwartungsvoll steht Tim im Treppenhaus und sagt:

»Und? Eine Zwei, oder sogar eine Eins ... stimmt's, du alter Tiefstapler? Komm sag schon ...« Doch Matzes Gesichtsausdruck sagt etwas ganz anderes. Also forscht Tim ungläubig weiter: *»Sag nicht, du hast die Fünf? Das glaub ich nicht ...«*

Matze schwingt sich den Rucksack über die Schulter, nickt nur und dreht sich Richtung Ausgang. *»Du hast tatsächlich die Fünf? Das kann ich nicht glauben. Wie ist das denn passiert?«*

Erst vor der Schultür stammelt Matze: *»Das blöde Schwimmbad. Seit der neuen Rutsche hab ich fast gar nicht mehr gelernt. Ich wollte immer nur ins Schwimmbad und hab dann keine Zeit mehr fürs Lernen gehabt. Und abends war ich viel zu müde. Ich war überhaupt nicht vorbereitet.«*

Tim hört Matze zu und weiß nicht so recht, wie er ihn trösten soll. Er musste Matze noch nie trösten. Die Fünf setzt Matze aber doch sehr zu. Da fällt Tim das Thema der letzten Jungschar ein und sagt: *»Das hilft dir für die Englisch-Arbeit zwar auch nicht weiter, aber kannst du dich an die letzte Jungschar-Stunde erinnern? Weißt du noch, was das Thema war?«*

Matze zieht die Stirn in Falten und grummelt: *»Nö, worum ging's?«* – *»Es ging um Vorbereitung. Darum, dass sich die meisten Menschen zu wenig vorbereiten. Obwohl Jesus sehr oft zu den Menschen sagte, dass sie sich vorbereiten sollen, tun es doch die wenigsten, sagte der Jungschar-Leiter.*

Er sagte auch, dass Jesus sich sogar selbst immer wieder vorbereitet hat. Das steht so in der Bibel. Oh Mann, ich habe die Stelle leider vergessen. Aber wart's ab, ich werde gleich zu Hause nachsehen und komme dann rüber, okay?«

Schnell läuft Tim nach Hause. Jetzt muss er nur schnell die Bibelstelle herausfinden, dann kann er Matze zeigen, dass er leider nicht der Einzige war, der sich zu wenig vorbereitete. Eine halbe Stunde später sitzen die beiden Jungs zusammen in Matzes Zimmer. Tim hat seine Taschenbibel auf dem Schoß und legt los:

»Oh Mann, hoffentlich krieg ich das noch zusammen. Also: Es ging nicht um so Vorbereitungen, wie wir das

vielleicht kennen. Wenn wir uns auf eine Arbeit oder auf einen Vokabeltest vorbereiten, dann lernen wir. Wenn wir uns aufs Schwimmbad vorbereiten, dann packen wir Badehose und Handtuch ein. Es gibt aber noch eine Vorbereitung, die die meisten vergessen: Beten. Schau hier, was Jesus sagt.«

Matze liest den Text aus Lukas 22 ab Vers 39. In dem Text geht es um Jesus und die Jünger. Die Zeit war gekommen, dass Jesus verhaftet werden sollte. Da nahm er seine Jünger und ging in den Garten Gethsemane, um sich im Gebet auf seine schreckliche Hinrichtung vorzubereiten.

Er sagte auch zu seinen Jüngern: *»Betet, dass ihr nicht in Versuchung kommt.«* Doch die Jünger waren müde geworden und schliefen ein. Als Jesus zurückkam und das sah, weckte er die Schlafmützen und fragte sie: *»Was schlaft ihr? Steht auf und betet, damit ihr nicht in Versuchung kommt.«*

Da geht Matze ein Licht auf. *»Hm, sogar Jesus musste sich vorbereiten? Ich dachte immer, Jesus brauchte das nicht ... Aber warum haben die Jünger nicht auf Jesus gehört? Sie wussten doch, dass er alles viel besser weiß?«*

Die Situation im Lukas-Evangelium ist schon sehr lange her. Es hat sich aber bis heute nicht viel geändert. Jesus möchte, dass wir uns vorbereiten. Auf eine Schularbeit, auf das Schwimmbad, auf Referate und auch auf die

Jungschar-Stunde. Er möchte uns aber nicht alleinlassen, er will uns gerne helfen. Deswegen sagt er, dass wir beten und ihn um Hilfe bitten sollen.

Doch obwohl wir wissen, dass Jesus uns helfen kann, bitten wir ihn nicht oder viel zu selten um Hilfe. Außerdem sagt Jesus, dass wir beten sollen, damit wir nicht in Versuchung kommen.

Versuchung – oder Anfechtung – bedeutet, sich zur Sünde verleiten zu lassen. Der Teufel will immer, dass wir Böses tun. Er will, dass wir böse zu unseren Geschwistern sind, er will, dass wir nicht auf unsere Eltern hören und schlecht über unsere Schulkameraden reden.

Jesus aber möchte, dass wir genau diese Dinge nicht tun! Weil der Teufel aber sehr, sehr geschickt ist, brauchen wir Jesus, denn nur er ist dem Teufel überlegen. Deswegen ist es wichtig, sich durch Gebet vorzubereiten. ☛

Schatten an der Wand

Heute geht's ins Freibad. Dort begegnen Hanna und Pitt einem außergewöhnlichen Bademeister. Er hat eine schaurige Geschichte zu erzählen.

Pitt und Hanna finden nur mit Mühe einen Parkplatz vor dem Freibad. »*Mann, ist hier was los! Komm, wir legen uns dort drüben zu Sandy und Lisa*«, schlägt Hanna vor und zerrt ihren Onkel quer über die Liegewiese.

»*Oh, heute hat Herr Herzberg Dienst. Das ist der beste Bademeister, den es gibt. Den mag ich am liebsten, weil der Spaß versteht und nicht immer alles verbietet*«, erklärt Hanna.

Jetzt sieht auch Pitt den Mann in Weiß. Herr Herzberg ist vielleicht 50 Jahre alt, grauhaarig, aber noch topfit. Ab und zu steigt er auch mal auf den 5-Meter-Turm und wagt einen Kunstsprung. So einen mit doppelter Schraube, Salto und messerscharfem Eintauchen.

Als Hanna ihr Badetuch neben Sandy und Lisa ausbreitet, sieht sie, wie Herr Herzberg gerade seine weißen Bademeistersachen auszieht und in Richtung Turm geht. »*Wow, schaut mal: Der Herzberg springt gleich wieder.*« Doch bevor er die steile Leiter zum 5-Meter-Brett erklimmt, tippt er eben noch seinen rechten Fuß am Beckenrand ins Wasser.

»*Tach, Herr Herzberg!*«, ruft Hanna keck über die Hecke. »*Ich hab das jetzt schon öfter beobachtet: Warum stecken Sie denn immer zuerst Ihren dicken Zeh ins Becken, bevor Sie auf den Turm steigen?*«, will Hanna wissen. »*Sie kennen doch die Wasser-Temperatur, oder?*«

»*Hm. Gut beobachtet, Hanna. Das ist bei mir zu einer Marotte geworden. Ich tauche immer zuerst meine Fußspitze ins Wasser und klettere dann auf den Sprungturm. Aber das hat auch einen Grund.*« – »*Und was für einen?*«, fragen Sandy und Lisa fast zeitgleich.

»*Das will ich euch gern verraten, aber die Geschichte dauert ein paar Minuten. Wartet erst noch den Sprung ab. Dann setzen wir uns gemeinsam an den Beobachtungsposten am Schwimmerbecken.*«

Wenig später sitzen die drei Mädchen und Pitt um den klatschnassen Bademeister. Sein Sprung war nicht gerade perfekt, aber immerhin. Hier vom Beckenrand aus kann man das gesamte Schwimmbecken überblicken. Während Herr Herzberg seinen Oberkörper abrubbelt, beginnt er mit seiner Geschichte …

»*Vor einigen Jahren war ich Schwimmlehrer für eine Männergruppe. Einer von ihnen wurde später Deutscher Meister. Das ist jetzt 12 Jahre her. Ich sollte ihren Schwimmstil verbessern und sie für den nächsten Wettkampf fit machen. Außerdem gab ich ihnen noch etwas Tauchunterricht.*«

»So richtig tauchen mit Sauerstoffflaschen und Flossen?«, platzt Sandy dazwischen. – *»Nein, ich meine das Tauchen ganz ohne Hilfsmittel, außer mit einer Schwimmbrille«*, antwortete Herr Herzberg. *»Nun lass mal den Bademeister ausreden!«*, schlägt Pitt vor.

Dann erzählt Herr Herzberg seine ganze Geschichte:

———— ◆ ————

Wir hatten damals ein Trainingslager im Schwimm-Leistungszentrum. Das ist so ein Hallenbad mit mehreren Becken, Bahnen und Sprungtürmen. Wir waren täglich 6 Stunden im Wasser und 3 Stunden im Fitnessraum. Zwischendurch gab es kurze Essens- und Ruhepausen. Unser Team schlief sogar im Schwimm-Leistungszentrum und ich war der Trainer.

In der ersten Nacht konnte ich nicht einschlafen. Alles war noch so neu für mich und ich trug die ganze Verantwortung. In Gedanken ging ich immer wieder das Trainingsprogramm für den nächsten Tag durch. Ich war ganz schön aufgeregt. Deshalb trank ich ein Bier, um müde zu werden. Aber es half nichts, ich lag immer noch wach in meiner Koje.

Also beschloss ich, die Nachtstunden zu nutzen. Als Trainingsleiter hatte ich ja einen Schlüssel zu den Schwimmhallen. Und so ging ich mitten in der Nacht aus meinem Schlafraum über die langen Flure bis zu den

Sprungtürmen. Um niemanden aufzuwecken, machte ich kein Licht an. Der Mond schien in dieser Nacht hell durch die Glaskuppeln im Flachdach.

Ich wollte noch einmal den Kunstsprung üben, damit morgen auch ja alles klappte. Während ich auf den 5-Meter-Turm stieg, blickte ich die Leiter entlang durch das Glasdach in den Nachthimmel.

Ein funkelndes Sternenmeer wölbte sich wie eine weite Kuppel über mir und spiegelte sich auch unten im Wasser. Der Mond lugte elfenbeinfarben aus ein paar Wolkenfetzen hervor. Es war hinreißend schön.

———— ◆ ————

»Jetzt machen Sie es aber spannend«, unterbricht ihn Sandy. *»Wann kommt denn der dicke Zeh ins Spiel?«* – »Mensch, lass ihn doch ausreden!«, meint Lisa etwas schnippisch.

———— ◆ ————

Als ich so dastand, tief durchatmete und meine Arme zum Sprung anhob, sah ich den Schatten meines Körpers auf der gegenüberliegenden Wand. Das milde Mondlicht malte einen klaren Umriss.

Merkwürdig: Da drüben sah mein Schatten aus wie ein riesiges – Kreuz. Ja, wie ein knorriges, altes Holzkreuz.

---◆---

»Uh. Das klingt aber schaurig. Wie eine böse Vorah-nung!«, sagte Lisa. *»Sind Sie etwa abergläubisch?«* Diesmal zischte Sandy dazwischen: *»Psst, leise.«*

---◆---

Anstatt zu springen, blieb ich regungslos stehen und betrachtete das Kreuz. Vorbeiziehende Wolken gaben dem Bild gegenüber eine beeindruckende Lebendigkeit. Da musste ich plötzlich über das Kreuz, an dem Jesus hing, nachdenken.

Ich sah beim Atmen, wie sich dort drüben ein Brustkorb hob und senkte. Ich sah beim Spreizen meiner Arme, wie sich dort drüben die Finger krümmten. Ich sah beim Zurücklegen des Kopfes, wie sich dort drüben scheinbar ein Mann in Schmerzen wand.

Anhand meines Schattens konnte ich mir lebhaft vorstellen, wie es Jesus ergangen war. Wie sehr Jesus damals dort gelitten haben musste.

Zwischen Himmel und Erde, ausgelacht und angenagelt, ausgestoßen und angespuckt. Noch nie ging mir die Vorstellung so unter die Haut. Mein eigener Schatten malte mir Jesus vor Augen! Ich war kein Christ, aber ich hatte als Junge ein Lied aufgeschnappt, das mir jetzt in den Sinn kam:

Der Heiland starb am Kreuz für mich,
der Heiland starb am Kreuz für mich,
der Heiland starb am Kreuz für mich
und machte alles gut ...

»Für mich? Wieso für mich? Und was musste er gutma-
chen?« Ich weiß nicht, wie lange ich mit ausgestreckten
Armen dort oben auf dem Sprungbrett stand. Ich dachte nach und starrte auf die Wand gegenüber.

Ich weiß auch nicht, warum ich nicht endlich ins Wasser sprang. Ich war so in Gedanken, dass ich die Turm-
treppe herunterstieg und am Schwimmbecken entlang
Richtung Schlafraum gehen wollte.

Da erst bemerkte ich, was mit dem Schwimmbecken
nicht stimmte. Ich bekam einen Schock. Jemand hatte
über Nacht das Wasser abgelassen! Es war schon fast
völlig abgelaufen. Nur ein paar Zentimeter bedeckten
den harten Boden.

Ein eiskalter Schauer lief mir über den Rücken. Nicht
auszudenken, was passiert wäre, wenn ... Es wäre mein
letzter Sprung gewesen ...

———— ◆ ————

»Ist das wirklich so gewesen?«, fragte Hanna. – *»Ja, ge-*
nau so. Das geheimnisvolle Kreuz rettete mich in die-
ser Nacht. Ach was! Nicht das Kreuz, sondern der, der

vor 2000 Jahren daran hing. Ich war ihm so dankbar. Er hatte mich auf so erstaunliche Weise vom Todes-Sprung zurückgehalten. Auf der Stelle kniete ich am Beckenrand nieder und betete.

Dabei wurde mir bewusst, dass Gott nicht nur meinen Körper verschonen wollte, sondern offenbar auch meine Seele vor der Hölle bewahren wollte. Dafür war das Kreuz von Jesus notwendig. Er hing dort an meiner Stelle und machte alles gut – um mich zu verschonen.

So wurde ich in dieser Nacht in der Schwimmhalle zweimal gerettet. Einmal vor dem körperlichen Tod und zum anderen vor dem ewigen Tod, der Verdammnis. Ich vertraute in dieser Nacht mein weiteres Leben Jesus Christus an. Ich bekannte ihm mein gottloses Leben und alle meine Schuld.«

»*Was für eine unglaubliche Geschichte*«, meint Pitt. »*Was Gott für Einfälle hat, um Unfälle zu verhindern ...*« – »*Dank der Gnade Gottes behielt ich einen gesunden Körper. Aber noch viel wichtiger war, dass meine Seele für alle Ewigkeit gerettet ist*«, beteuert Herr Herzberg.

»*Vielleicht versteht ihr jetzt, warum ich immer zuerst meinen großen Zeh ins Wasser strecke, bevor ich irgendwo hineinspringe. Nicht, weil ich mich damit vergewissern will, dass genug Wasser im Schwimmbecken ist (das sehe ich ja – und trage als Bademeister dafür auch die Verantwortung) – sondern um mich an Gottes Bewahrung zu erinnern.*«

Noch immer verfolgen Hanna und die beiden anderen Mädchen mit offenem Mund Herrn Herzbergs Lippen. »*Was für eine unglaubliche Geschichte!*«, wiederholt Pitt und nickt nur stumm mit dem Kopf und beißt sich auf die Unterlippe. »*Da hat Jesus Sie aber ganz besonders behütet!*« – »*Ja, das stimmt. Ich kann es bis heute nicht begreifen. Ich wäre in den sicheren Tod gesprungen, wenn nicht das Kreuz gewesen wäre.*«

»*Hm, das ist ein guter Vergleich!*«, meint Pitt. »*So ist das doch bei uns allen: Ohne das Kreuz landen wir todsicher im Verderben. – Aber ich weiß, dass Gott jedem Menschen das Kreuz in den Weg stellt, um uns vom Verderben abzuhalten. Manche hören von Jesus im Radio, andere lesen etwas von Gott, wieder andere haben Freunde, die ihnen die frohe Botschaft erzählen.*«

»Oder andere gehen ins Schwimmbad, um ihn kennenzu-lernen!«, jubelt Hanna. *»Ja, genau. Deshalb erzähle ich euch das. Aber leider wollen viele das nicht hören. Nur selten bleiben wir stehen und denken darüber nach, was damals am Kreuz geschah.*

In der Bibel lesen wir, dass das Wort vom Kreuz denen, die verlorengehen, wie Dummheit vorkommt, aber für alle, die errettet werden, Gottes Kraft ist. Lest mal im 1. Korintherbrief, Kapitel 1, Vers 18.

Das bedeutet: Vielen ist die Botschaft von Jesus zu dumm. Sie wollen es einfach nicht akzeptieren, dass Jesus für sie starb. Aber wer das missachtet, stürzt eines Tages ins Verderben. Wer aber sein ganzes Vertrauen auf Jesus setzt, der wird gerettet. Der bekommt von Gott das ewige Leben geschenkt.«

»Denn das Wort vom Kreuz ist denen, die verlorengehen, Torheit; uns aber, die wir errettet werden, ist es Gottes Kraft.« (1. Korinther 1,18)

Ist die Botschaft vom Kreuz für dich dumm oder kraft-voll? ☛

Im Kühlraum

Hier geht es um zwei Jungs, die es eiskalt erwischt hat!
Es fehlte nicht viel und es hätte ihnen ihr Leben kosten
können. Aber wir wollen noch nicht zu viel verraten.

Der Herbst färbt alle Bäume bunt. Aber Kastanien zu
sammeln, ist Eric und Matze zu öde. Die beiden gondeln
mit ihren Fahrrädern durch Winkelstädt. Sie sind auf
der Suche nach einem Abenteuer. Aber – es ist wieder
einmal nichts los in der Stadt. Die Einkaufsstraße ist fast
menschenleer. Nicht mal am Skater-Treffpunkt im Park
sind irgendwelche Kumpels anzutreffen. Ein todlang-
weiliger Nachmittag.

Eine ganze Weile sitzen die beiden Freunde neben der
Halfpipe und warten auf Action. Aber nichts passiert.
Der ganze Platz ist wie ausgestorben. Sonst trifft sich
hier immer alles, was Räder hat. Während Eric ein paar
Runden über den Ascheplatz brettert, zieht Matze sein
Schweizer Taschenmesser aus der Hosentasche. Er klappt
die Nagelfeile auf und beginnt sich aus Langeweile die
Fingernägel sauber zu machen.

»Hier ist ja noch weniger los als auf dem Friedhof«,
meint Matze. »Komm, wir radeln mal ins Industriege-
biet. Da soll doch heute ein neuer Imbiss aufmachen
und der Supermarkt hat Jubiläum.« – »Wie spannend!«,
knurrt Eric. Aber er hat auch keine bessere Idee.

Auf dem Weg kommen die beiden Radfahrer an ein paar bunten Plakaten vorbei.

»GROSSER JUBILÄUMS-VERKAUF!«

Alle Straßen Richtung Supermarkt sind verstopft. Ach, deshalb gleicht Winkelstädt einer Geisterstadt! Auf dem Parkplatz vor dem Supermarkt ist kein Fleck mehr frei. Ganz Winkelstädt ist im Kaufrausch. Eine Menschenmenge drängt sich um eine Bühne vor dem Haupteingang. Dort werden Einkaufsgutscheine verlost.

Matze und Eric haben aber kein Interesse an Waschpulver-Sparpaketen und Tiernahrung zum halben Preis. Sie suchen das Abenteuer. Da hören sie hinter dem Müllcontainer-Platz, wie ein Lieferwagen den Motor anlässt. »SCHLACHTHOF STOLZACH« steht in großen Lettern auf den Seitenwänden des Lkw. Und schon braust er davon.

»Sieh mal, der Fahrer hat dahinten die Tür offen stehen lassen. Das ist bestimmt der Lieferanten-Eingang.« Neugierig schauen Eric und Matze ins Innere des Gebäudes. *»Hey, guck mal da! Das ist die Supermarkt-Metzgerei von hinten.«* – Tatsächlich: Neben aufgetürmten Kühlboxen und ein paar Edelstahl-Rollwagen sieht man einen Hackblock mit riesigem Schlachterbeil.

»Meinst du, wir dürfen da mal rein?«, fragt Matze. – *»Wir können ja mal fragen!«*, meint Eric und lehnt sein

Bike an das Geländer der Verladerampe. Nun steigt auch Matze aus dem Sattel und lässt sein Rad neben Matzes Rad fallen. Die offen stehende Tür verdeckt das Schild mit der Aufschrift »ZUTRITT FÜR UNBEFUGTE STRENGSTENS VERBOTEN!«.

Gespannt treten die beiden durch den Hintereingang. Aber nirgendwo ist eine Menschenseele. Eric schaut nach links und Matze nach rechts. Nichts. Niemand da!

»Die müssen wahrscheinlich alle im Supermarkt helfen«, vermutet Matze. Nur am Ende der Lagerhalle sieht man ein durchsichtiges Rolltor. Dahinter erkennen beide, wie nebenan im Supermarkt etliche Leute hinter der Fleischtheke hantieren.

»Hier ist keiner. Komm, wir gehen besser wieder raus«, meint Eric. Aber Matze ist nicht so leicht von seiner Entdeckungstour abzubringen. *»Warte doch mal. Wir stören doch keinen. Schau mal hier … Hey! Die schmeißen hier jede Menge Würste in den Müll.«*

Und wirklich. In einer grauen Tonne liegen Dutzende Wurstreste. Schon stopft sich Matze ein Stück Bockwurst in den Mund und ein weiteres in die Hosentasche. Dann bleibt er vor einer silbernen Tür stehen. *»Boah! Hast du so was schon mal gesehen?«* Bevor Eric antworten kann, schubst Matze ihn durch den engen Spalt einer offen stehenden Schiebetür. Von der Decke sieht man einige halbierte Schweine hängen.

Ein kalter Hauch schlägt den beiden Jungs entgegen. Es ist das Kühlhaus. Hier hängen die Schweinehälften vom Schlachthaus und warten aufs Verwursten.

»Sieh mal, wie weiß die sind. Ich dachte immer, Schweine seien rosa – am Ringelschwänzchen ist sogar etwas Eis.« – *»Ringelschwänzchen?«*, wiederholt Matze. *»Damit kann man einen coolen Gag machen! Ich nehme mir eins mit! Ha ha!«*

Schon zückt Matze sein Klappmesser, schnappt sich das Schweineschwänzchen und – schwups! – hat er es abgesäbelt. Vergnügt hält er es sich an den Hintern und sagt: *»Mal sehen, wem ich das morgen unbemerkt mit einer Sicherheitsnadel anhängen kann? Kannst du dir vorstellen, wie witzig das wird, wenn ...«*

Doch da unterbricht ein Geklapper sein Gerede. Durch den Türspalt sehen sie einen Mann in weißer Plastikschürze und Gummistiefeln auf die Kühlkammer zukommen.

»Nix wie weg hier!« Aber es ist zu spät. In letzter Sekunde springen die beiden Eindringlinge neben die Tür und drücken sich ganz flach an die gekachelte Wand. Zum Glück bleibt der Metzger draußen stehen. Er kann sie nicht sehen. Matze und Eric hören nur, wie er eine Plastikkiste auf den Boden abstellt und dabei murmelt: *»Welcher Döskopp hat denn wieder mal den Kühlraum offen stehen lassen?«*

Dabei schließt sich langsam die Schiebetür aus Edelstahl und dann hören sie nichts mehr. *»Puuh. Das war aber knapp. Wenn der Kerl in den Kühlraum gekommen wäre ...«* – *»Meinst du wegen dem Ringelschwänzchen, oder weil wir überhaupt hier drin sind?«*, fragt Eric. Aber jetzt müssten die beiden schleunigst unbemerkt aus dem Kühlraum verschwinden.

Matze drückt sein Ohr an die eisige Schiebetür. Kein Mucks ist zu hören. *»Los, die Luft ist rein. Raus hier.«* Doch dann bemerkt Eric: *»Der Tür fehlt ja der Griff!«* Tatsächlich: Die Kühlraumtür lässt sich nur von außen öffnen. Allmählich dämmert ihnen ihre missliche Lage.

Doch dann packt Matze siegessicher in seine Tasche und sagt: *»Ich hab immer mein Werkzeug dabei. Hiermit kriege ich jede Tür auf.«* Doch versehentlich hält er die halbe Bockwurst in der Hand. – *»Ääh, ich meine natürlich das hier.«* Nun zückt Matze sein rotes Taschenmesser und macht sich damit an der Tür zu schaffen. Aber es bringt nichts: Die Tür bleibt fest verschlossen!

Nun bemerken die Jungs, wie kalt es hier drinnen ist. Sie reiben sich gegenseitig den Rücken und pusten sich in die Hände, um der Eiseskälte widerstehen zu können. *»Sollen wir nicht besser um Hilfe rufen?«*, schlägt Eric vor. *»Bist du verrückt? Bloß nicht! Dann gibt's Ärger ...«*

»Und was ist mit dem Lüftungsgitter da oben? Kann man da vielleicht rausklettern?«, fragt Eric. *»Keine schlechte*

Idee. Es ist zwar sehr hoch, aber ... Warte, ich mache dir Räuberleiter und du versuchst es mal.« Und schon steht Matze breitbeinig mit gefalteten Händen unterhalb des Gitters. *»Auch keine schlechte Idee – Hände falten. Komm, Matze, lass uns mal beten, dass wir hier bald rauskommen. Mir wird nämlich schon ganz schön kalt und ich hab Angst.«*

Da hören sie von fern ein dumpfes Ding-Dong. War das das Pausensignal? Oder ist schon Feierabend? O weh! Jetzt gehen alle Lichter aus. Die beiden sind in totaler Dunkelheit gefangen. Erst jetzt beginnen Matze und Eric aus Leibeskräften zu schreien. Warum haben sie es nicht früher getan – auch wenn man sie erwischt hätte? Immer noch besser als erfrieren!

———— ◆ ————

Daheim warten Matzes Eltern schon längst auf ihren Jungen. Sonst ist er immer pünktlich zum Abendessen – bei seinem Appetit. Aber diesmal kommt und kommt er nicht zu Tisch. Deshalb schickt Matzes Vater seinen Bruder Philipp los: *»Sieh mal nach, wo er steckt. Vielleicht ist er nebenan bei Eric.«*

Aber Erics Mutter versichert: *»Die beiden sind schon seit der Mittagszeit mit den Fahrrädern unterwegs.«* Philipp macht sich auf die Suche. Er streift durch ganz Winkelstädt. Dabei kommt er auch am Supermarkt vorbei. Es wird schon dunkel.

Da entdeckt Philipp die beiden Räder an der Laderampe. Blitzschnell kombiniert er: »*Ob die beiden da drin sind? Ob Matze und Eric in Schwierigkeiten stecken?*«

Philipp rennt in den Supermarkt. Er fragt, was sich hinter der Tür an der Laderampe befindet. Dann überredet Philipp eine Verkäuferin, mit ihm nachzuschauen, ob vielleicht zwei Jungs in dem Gebäude sind.

»*Unsere Metzgerei hat seit 18 Uhr Feierabend! Nur die Wursttheke hat bis 20 Uhr geöffnet*«, sagt die Frau mit dem weißen Kittel. »*Aber schauen wir mal nach!*«

Die Verkäuferin geht mit Philipp Richtung Metzgerei. Dann fährt sie das Rolltor zur Lagerhalle hoch und schaut in die dunkle Halle. Da! Hört man da nicht wie von fern ein flehentliches Rufen: »*Hiiiilfe! – Hiiiiiilfe!*«

Rasch läuft die Verkäuferin zu dem Kühlraum und entriegelt die Schiebetür. Tatsächlich: Unter den Schweinehälften kauern die zwei – schlotternd und aneinandergeschmiegt auf dem eiskalten Boden. Das hätte böse enden können.

———— ◆ ————

Eigentlich befinden wir uns alle in einer ähnlichen Lage wie Matze und Eric. Durch unser eigenes Verschulden sitzen wir auch in der Klemme: Unsere Schuld trennt uns von Gott und hält uns gefangen.

Unsere Welt gleicht dem verschlossenen Kühlhaus, aus dem wir aus eigener Kraft nicht herauskommen. Uns alle erwartet irgendwann der Tod – früher oder später.

Wir alle sind wegen unserer Sünde mehr oder weniger in Kälte und Finsternis gefangen. Alle unsere eigenen Rettungsversuche helfen da nicht weiter. Alleine können wir uns niemals befreien.

Aber da schickte Gott seinen geliebten Sohn als Retter! Der Herr Jesus kam, um uns zu suchen – wie Philipp in der Geschichte. *»Denn der Sohn des Menschen ist gekommen, zu suchen und zu erretten, was verloren ist«*, sagt Jesus Christus über sich selbst in Lukas 19, Vers 10.

Er hat unser Gefängnis von außen geöffnet und kann jeden befreien, der zu ihm ruft. Jesus ist nur ein Gebet weit von dir entfernt. ☛

Melasse in Masse

Vor etwa hundert Jahren platzte in Amerika ein Tank. Millionen Liter Zuckersirup schwappten in die Innenstadt Bostons. Das Unglück hatte die Gewalt eines Tsunamis.

»Sofort Rettungskräfte herschicken!«, schreit der Bostoner Polizist Frank McManus in eine Notrufsäule. *»Eine Welle von Melasse rast die Commercial Street runter!«*

Es ist der 15. Januar 1919. Frank hat an diesem Tag Streifendienst am Hafen von Boston an der Ostküste der USA. In der Mittagszeit hört er plötzlich ein lautes Grummeln, dann ein gewaltiges Rumpeln, Knirschen und Ächzen. Er schaut entsetzt hinauf zu einem braun angestrichenen großen Zucker-Tank.

Tack – tack – tack! Wie Gewehrschüsse bersten eine Reihe von Nieten, die den Tank zusammenhalten. Dann sieht Frank nur noch, wie aus der fünf Stockwerke hohen Metallkonstruktion ein dunkelbrauner Zuckerguss hervorbricht und sich ihm entgegenwälzt – der gesamte Melassevorrat einer Schnapsbrennerei.

Melasse ist ein dickflüssiger Zuckersirup, aus dem man Rum und Whiskey gewinnen kann. Auch wenn es an diesem Januartag noch ziemlich kalt ist, quillt die gesamte Füllung des Tanks unglaublich schnell aus dem geplatzten Behälter.

Der Zusammenbruch ist so stark, dass der Boden spür-
bar bebt. Die Melasseflut schwappt meterhoch in die
Bostoner Innenstadt. Zwei Stadtbezirke werden dabei
überzuckert und verkleistert. Eine süße Lawine – aber
so tödlich wie Lava!

Der Sirup quillt nicht nur, er rast durch die Straßen!
Eine Springflut aus 9 Millionen Litern Zuckersirup wird
für viele zur lebensgefährlich klebrigen Falle! Zeitwei-
se wabert eine über vier Meter hohe Welle in Richtung
Wohngebiet.

Mit hoher Fließgeschwindigkeit füllt das unentrinnbare
Zeug die Straßen, zermalmt Fahrzeuge, walzt Gebäude
platt, knickt Hochbahnträger und reißt 21 Menschen in
den Tod. 150 Menschen werden schwer verletzt.

Die herbeigeeilten Rettungskräfte der Feuerwehr haben
keine Chance. Ihre Fahrzeuge bleiben sofort in dem Sirup stecken. Also versuchen die Feuerwehrleute zu Fuß
durch die kniehohe Klebe zu stiefeln, doch es ist ihnen
unmöglich. Hier und da staut sie sich sogar hüfthoch.
Ein Helfer wird von der Sirupflut umgerissen und erstickt.

Im Hafen liegt ein Ausbildungsschiff der Marine. Über
hundert Matrosen sind sofort zur Stelle, nachdem sie
den gewaltigen Knall gehört hatten. Doch was können
sie hier tun? Im ganzen Gebiet ist es einfach zu gefähr-
lich.

Ganze Pferdegespanne kleben hilflos fest, wie eine Stubenfliege an einem Fliegenfänger. Das gesamte Hafengelände liegt wie in frischem Estrich eingegossen da.

Einem Zeitungsreporter berichtet später ein Augenzeuge: *»Aus dem zähen Zuckerguss kamen zuckende Gestalten zum Vorschein. Aber es war nicht mehr erkennbar, ob es ein Mensch oder ein Tier war, das sich da freizukämpfen suchte.«*

Der kleine Anthony di Stasio ist gerade auf dem Heimweg von der Schule. Da ergreift ihn die Melassewelle, reißt ihn wie auf einem Surfbrett ein ganzes Stück mit und schlägt dann über ihm zusammen. Anthony versinkt. Als er aus den Fluten auftaucht, hört er seine Mutter nach sich rufen, kann aber nicht antworten.

Sein Mund ist wie zugepappt. Die klebrige Masse erstickt jeden Laut. Anthony verliert das Bewusstsein. Als er wieder erwacht, blickt er in die entsetzten Gesichter seiner Schwestern. Sie haben ihn gerade unter einem Leichentuch gefunden. Die Rettungskräfte dachten, der kleine Junge sei schon tot ...

Ein beißend-süßlicher Gestank füllt die Innenstadt. Die Bewohner von Boston leiden noch tagelang an Hustenkrämpfen. Wochenlang pumpen Schiffe Meerwasser in das klebrige Hafengebiet. Erst im Sommer – sechs Monate später – sind die Straßen vollständig von dem Sirup gereinigt.

———— ◆ ————

Was für eine krasse Verwüstung! Wie viel Schaden hat diese Melasseflut angerichtet! Aber leider flutet heutzutage eine ganz ähnliche Bedrohung in unser Leben ...

Ja, eine vergleichbar klebrige Flut ergießt sich heute aus allen Kanälen der Medien. Das Internet erweist sich als ein Sammelbecken der Schamlosigkeit. Was wird da an schlimmen Inhalten aufgesogen und angesammelt! Ein Klick genügt und man kann den ganzen Dreck anzapfen. Eine Springflut an Schund und Schmutz schwappt einem da entgegen.

Dieser »Tsunami« reißt viele mit unwiderstehlicher Klebrigkeit mit sich. Ohne einen Schutz gehst auch du diesen Versuchungen auf den Leim. Wenn auch du deinem Smartphone oder Computer nur schwer widerstehen kannst und vielleicht stundenlang daran »kleben bleibst«, mach es wie König David! Er betete:

»Strecke deine Hand aus von der Höhe; reiße mich heraus und errette mich ... kein Klagegeschrei [sei] auf unseren Straßen! Glückselig das Volk, dem es so ergeht! Glückselig das Volk, dessen Gott der HERR ist!« (Psalm 144,7.14.15)

Sei deinen Eltern sehr, sehr dankbar, wenn sie dir deine Mediennutzung einschränken und wenn sie einem ungeschützten Internetzugang einen Riegel vorschieben, denn ...

———— ◆ ————

Wie sich später herausstellte, wurde der Melassetank von Boston nicht ordentlich gewartet. Einem Hafenarbeiter fielen zwar ein paar undichte Stellen auf, aber die blieben unrepariert.

Statt sie abzudichten, hatte ein Mitarbeiter die Lecks mit brauner Farbe (also melassefarben) überpinselt! Jetzt konnte man die undichten Stellen nicht mehr erkennen. Ganz schön dumm! Denn schon bald war der Dammbruch nicht mehr aufzuhalten. ☛

8 Bände zum Vorlesen und Nachdenken

L I M M & N I E S

Die Buch-reihe zum Sammeln

wird bald fortgesetzt

FESE LUTTER

TACKEL FRÄGER

NEIH WACHTEN

BASCHEN TUCH

SUCK DRACHEN

STESE LOFFE

BIEGEL SPIDER

WATUR NUNDER

1 2 3 4 5 6 7 8

◯ ◯ ◯ ◯ ◯ ✳ ◯ ◯   Das habe ich schon!

◯ ◯ ◯ ◯ ◯ ◯ ◯ ◯   Das wünsch ich mir noch